흐르는 시간 위에서

흐르는 시간 위에서

초판인쇄 | 2025년 11월 5일
지 은 이 | 이종열
펴 낸 이 | 김영태
펴 낸 곳 | 도서출판 한비 CO
출판등록 | 2006년 1월 4일 제 25100-2006-1호
주   소 | 대구시 중구 남산2동 938-8번지 미래빌딩 3층301호
전   화 | (053)252-0155   **팩 스** | (053)252-0156
홈 페이지 | http://hanbimh.co.kr   **이 메일** | kyt4038@hanmail.net

ISBN 9791164871759
ISBN 97988993214147(세트)
값   15,000원

*잘못된 책은 교환해 드립니다.
*저자와의 협의로 인지는 생략합니다.

흐르는 시간 위에서

이종열

'마음을 붙드는 삶'

시를 쓰면서 저는 늘 시간을 바라보았습니다.
흘러가는 하루하루 속에서, 지나간 날들의 흔적과 마음 깊이 남은 기억들을 붙잡고, 그것들을 다시 제 안에서 불러내고 싶었습니다.
어린 시절의 꿈, 젊음의 설렘, 사랑과 상실, 기쁨과 고통까지, 모두가 모여 지금의 나를 만들었음을 느끼면서, 시를 쓰는 일은 제게 자신과의 대화이자 치유였습니다.

왜 시를 쓰는가, 왜 이 시집을 엮었는가 묻는다면, 그 답은 단순합니다. 살아 있으면서 느끼는 모든 감정과 순간들을 기록하고, 그것들이 누군가에게도 공명하길 바라는 마음 때문입니다.

우리는 바쁜 삶 속에서 종종 자신을 놓치고, 지나간 시간 속에서 아쉬움과 후회를 남기며 살아갑니다. 저는 그 흐르는 시간 위에서, '지금 여기, 나 자신'을 붙잡고, 잃어버린 순간들을 마음속에서 되살리며, 시로 옮기고자 했습니다.
이 시집 속 시들은 바로 그 마음에서 나왔습니다.

살아가면서 마주하는 상실과 회복, 고단함과 기쁨, 희망과 감사 속에서 우리가 어떻게 자신을 발견하고 삶을 이어갈 수 있는지를 말하고자 합니다.

시를 쓰면서 저는 무엇보다 '마음을 붙드는 삶'을 이야기하고 싶었습니다. 삶의 속도에 휘둘리지 않고, 그 속에서도 자기 자신을 느끼고, 지금 이 순간을 음미하며 살아가는 것. 그것이 바로 제 시 속에서 전하려는 메시지입니다.

흐르는 시간 속에서 우리는 늘 상실과 회복을 반복하며 성장합니다. 과거의 아픔이 우리를 단단하게 만들고, 오늘의 깨달음이 내일의 희망을 준비합니다. 시집 속 이야기가, 여러분에게 작은 위로가 되고, 삶을 조금 더 따뜻하게 바라볼 수 있는 눈이 되기를 바랍니다.

시간은 멈추지 않습니다. 그러나 그 속에서도 우리는 스스로를 발견하고, 자신의 속도대로 삶을 살아갈 수 있습니다. 이 시집이 나에게 위로와 용기가 되었듯이 여러분 각자의 시간 위에서 살아있음의 소중함과 아름다움을 느끼게 하고, 한 걸음씩 나아가는 힘이 되었으면 합니다.

      2025년 어느 날 이종열

| 목차 |

1부
황홀함에 취해

눈 뭉쳐 사랑을 전했던
그 시절 어디로 갔을까
그리워 못 견디는 밤

분실(紛失)_16
곰배령을 오르며_17
과메기_18
가족이라는 이름_19
함께 떠나자_20
지게 부대_21
엄마의 품속_23
배알도의 서토리_24
안개속의 산길_25
가을_26
불면의 밤_27
문학에서 맺은 인연_28
사려니 숲길_29
문학기행_30
봄볕_31
푸르던 시절_32
길 위의 삶_33
웃음을 심자_34

상상의 나래_35
봄의 미색_36
삶과 죽음 사이 숨결_37
친구에게_39
오월은_40
마음을 준비하다_41
못 잊을 사람_42
일몰_43

2부
아지랑이 춤사위

찻잔에 사랑을 담은
찐한 향기 맡으며
운치에 취하여

산책_46
해운대 밤바다_47
초등학교 동창 모임_48
봄이 오면_49
부모님산소에서_50
부산 여행_51
봄날_53
시(時)_54
장사상륙작전 전승기념관_55
고향산천_56
사랑해 너를_57
왜 니가 질투를_58
미련을 버려_59
즐거운 하루_60
모정(母情)_61
사생결단_62
까치에게_63
파크골프_65

친구가 별나라로_66
가슴이 시리다_67
가을에 젖어_68
미운 놈_69
제행무상(諸行無常)_71
가을비 연인_72
고요한 밤_73
사랑아_74
웬일이니_75

3부
추억들은 창공을 날고

늘 혼자인 맘
외로움에 동여매어
몸부림친 나날들

얼굴들_78
우직한 마음_79
석양빛에 물들은 인생_80
방랑하는 마음_81
네게로 가마_82
첫사랑은_83
내 청춘아_84
고마운 것들_85
생각을 하니_86
경대교_87
화려한 그대_88
슬픔은 왜_89
고향의 시냇물_90
나이 들어서_91
사찰의 고요함_92
반성하며 살자_93
고향의 계절_94
내 친구들_95

가을하늘_96
결혼은_97
기분_98
시련 속에서_99
이별은 아픔이야_100
고향 집에서_101
추억_102
추석날 선물_103

4부
소곤소곤 속삭이는

황홀한 날개를 달고
그대 손짓하는 곳엔
어디든지 가리라

시간의 여유를_106
사랑의 창고_107
우뚝 솟은 대구의 팔공산_108
푸르던 시절_110
봄과 한바탕_111
대마도 미우라 해변_112
밤하늘_113
청춘의 마음_114
도산서원_115
사랑의 힘_116
호박잎에 묻어난 그리움_117
봄날에_118
하늘도 가끔 장난을_119
석굴암의 전경_120
반항_121
축복_122
희생_123
동병상련_124

이래도 될까_125
한순간_126
해운대서_127
만사형통_128
행복한 한가위_129
가을의 여행_130
시골집의 전경_131
살아 있음에_132
바닷가에서_133

*작품해설_김영태

1부
황홀함에 취해

눈 뭉쳐 사랑을 전했던
그 시절 어디로 갔을까
그리워 못 견디는 밤

분실(紛失)

내 허락도 없이
감히 누가 청춘을
야금야금 먹었나

잠시
게으름을 부리다가
돌아와 보니

육체는
위험천만 위태위태
용기와 재능도 메말랐고
황소의 힘도
다람쥐의 날쌘 행동도
어디로 갔나
허접하고 초췌한
육체가 되어 있네

모두가 떠난 그 자리에
변치 않고 있는 것은
마음뿐이다
흘러간 청춘의 저장고엔
추억만 가득
내 청춘은 어디에

곰배령을 오르며

곰의 배가 하늘 향해
벌러덩 누워
이름하여 곰배령이라네
하늘을 품고 계곡물이
땅을 적시며 흐르는
그곳에 곰배령이 있다.
바람은 속삭이고
꽃들이 미소 짓는
자연의 순결함
숲속 새들은 그들에게
노래를 들려주며
곰배령의 전설을
알려 줄 것이다
초목과 야생화들이
곰배령을 에워싸
세월을 멈춰 놓은 곳
평화와 조화가 만난 곳
곰배령은
자연의 아름다운 선물로
달리는 세월을 지켜보며
야생화와 초목들과
쉼없이 등산객을 품을 것이다

과메기

현관 앞이
파도 소리로 요란하여
문을 여니
과메기들이 헤엄치며
거실로 들어왔다
우리 집이 순식간에
동해바다로 바뀌었다

고소하고 비릿한 냄새며
해초들의 향긋한 내음
집안을 가득 채운다

즐거운 마음을 버무려
잔칫상을 차렸다
동해바다가
내 입속에서 푸르게 출렁인다

가족이라는 이름

따스한 아침 햇살처럼
마음으로 전해지는 온기
때로는 말없이 바라만 보아도
서로의 마음을 읽는 사람들

아버지의 굳은 손은
깊은 사랑을 전하고
어머니의 따스한 눈빛은
지친 나를
사랑으로 풀어주는 불로초

길을 잃을 때면 등불로
웃을 때는 함께 웃고
아파 힘들다 할 때는
말없이 곁에 머물러 있는
우연이 아니라 운명이 묶은
소중한 그 이름은 가족

함께 떠나자

아~이구 얄~구지라
봄이란 시즌이
알록달록한 옷을 입고
연두색 스카프를 두르고

보는 이마다
코를 실룩실룩 거리게
최고급 향수를 뿌리며
바람과 짝짝꿍이 되어
널따란 엉덩이를
살랑살랑 흔들며
이곳저곳을 휘젓고 다니니
냉기에 굳어 있는 마음을
야들야들하게 만들어
꽃바람을 타라 하니

목석인들 그냥 있겠나
에라 모르겠다
봄의 시즌 따라
웃음과 즐거움을 찾아
회춘(回春) 바람 날리는
봄의 여인으로 달려보자

지게 부대

전쟁의 참화 속에서
군번 없는 몸으로
지게를 진
그대들의 피땀으로
대한민국이 존재합니다

험하고 비탈진 산길을
젊음의 혈기로 마라톤 하듯
군수품을 나르던 용맹에
대한민국이 살아있습니다

그대들이 진정한 영웅입니다
눈앞에 총알이
눈송이처럼 날아도
피하지도 포기하지 않고

화약 연기가 피어올라도
눈 부릅뜨고 오르내리며
가시덤불 산발한
가파른 비탈길을
지게에 눌려 허리 굽혀
얼굴은 땅에 닿을 듯

온몸으로 군수품을 지고 날랐기에
대한민국이 존재합니다

최선을 다한 그대들은
우리에게
큰 교훈으로 남았습니다

역사의 거목으로
영원히 자리매김할 영웅입니다
그대들이 있었기에
오늘을 잘 살아갑니다

우리는
그대들의 거룩한
희생과 헌신에 감사드립니다

엄마의 품속

난 오늘도 수많은
말들을 주고 듣는데
마음을 감싸는
가장 따뜻한 말
그건 바로 엄마
여명보다 일찍
하루를 준비하던 손
아침에 비가 내리면
우산보다 먼저
내 걱정 챙기던 마음
말없이 웃어주던 눈빛 속에
천 마디 위로가 담긴
엄마의 마음을
그때는 왜 몰랐지
등 뒤에 감춰진 피곤과 아픔을
이제 어른이 되어
그 엄마의 그림자를
조금씩 조금씩
엄마 앞에서
나는 울어도 괜찮았고
넘어져도 다시 일어섰지
엄마
당신은 나의 첫 번째로
포근한 안식처입니다

배알도의 스토리

옛날 한 어부가 바다에서
길을 잃고 헤매던 중
한 섬을 발견했다
해변과 맑은 물의 풍경이
너무나도 아름다워 어부는
그곳에서 하루를 보내며
자연의 아름다움에 감동했다
다음 날 어부는
섬을 떠나려고 했지만
섬의 정령이 나타나 말했다
이 섬은 당신의 마음에 든다면
영원히 당신의 것이 될 것이다
어부는 섬에 대한 애정을 느꼈고
정령의 제안을 받아 섬에 살았다
어부는 섬을
배알도라는 이름을 붙이고
그곳을 자신의 집으로 삼고
배알도의 아름다움을 지키며
자연과 조화롭게 살았다
이 스토리는 자연과 사람은
어떤 곳에서나 공존하며
살아갈 수 있다는 스토리

안개 속의 산길

차를 타고 높은 산길을 오르니
짙은 안개가 길을 삼켰다
하늘과 산이 서로를 껴안은 듯
아름답고 신비한 모습
하얀 숨결 사이를 떠돌며

가까운 것도 멀게만
먼 것도 가깝게 보이고
경계가 녹아내린 자리
시간조차 길을 잃고
소리도 방향을 잃은 곳
그곳에 나도 잠시 머물고

차바퀴는 길 위를 굴러가지만
마음은 구름 속에 싸여 어와둥실
산길을 가로막는
안개의 요염함에 마음이 안기네

가을

여름이 가나 싶어
하늘을 올려다보니
투명한 푸름 속에
찌든 마음이
가볍게 떠다닌다

서늘한 바람이 지나가며
묻어둔 그리움의
흔적을 켜 들고
햇살은
조용히 미소를 던진다

끝없이 맑은 그 너머에
내
보석 같은 추억도 흩날려
조용히
빛의 물결로 일렁거린다

가을은 추억을 소환하는 계절이다

불면의 밤

고요가 고요를 잠재우는
상흔들이 자욱한 밤
잿빛 하늘이 무거워 보인다
회색에 싸인 도시가 괴롭다네
고층빌딩 속에 반짝이는 불빛은
어쩌면 저리도 찬란하나

한 길 건너 24시 편의점 주인
천근만근 무거운 몸과
마음을 안고 밖에 나오고 있다
아마 눈꺼풀이 돌덩이가 된 모양이다
한 모금의 담배 연기로
허공을 향해 시름을 날리고 있다

도시의 하늘도 슬퍼보인다
고요가 고요함을 잠재우는
어느 날의 밤
창문을 열고 우주의 공간에서
잠들지 못하는 영혼들을 위해
안녕을 빌어 본다

문학으로 맺은 인연

처음엔 어색했던 만남도
시를통해 서로의 마음을 꿰매다 보니
한 벌의 따뜻한 옷처럼 풍기는 온기로
다정다감함을 감싸는 사이가 되었다
마음은 봉실봉실
손끝에서 피어난 글들은
때로는 바늘끝처럼 날카롭고
때로는 실처럼 부드럽게
관계를 이어주네
태고의 시간은 힘들었지만
원고를 다듬고 맞추며
오랜시간 걸쳐
한 권의 책으로
모습을 내미니
행복하여 눈시울이 따사롭다
시들은 거창한 예술이 아니라
생활 속에서 건져 올린
마음의 조각들이다
잊혀진 온기를 다시 꿰매는 글
고단한 하루를 잠시 멈추게 하여
미소 한 줄이라도 피어나는
시집으로 기쁨을 주마 얼씨구

사려니 숲길

제주도 사려니 숲길을 걸었다
하늘을 찌를 듯
쭉쭉 뻗은
울창한 경관 사이사이
이랑 같은 고운 길을 걸으면서
기분을 호강시키려는 찰라
안개비가 부옇게 내려
숲의 시야를 덮는다

그 모습은 마치 안개비와
사려니 숲의 속삭임
그 속삭임이 우리들의
얼굴을 쓰다듬으며
자연의 부드러운 손길이
신선함을 담아 우리의 마음을
아름답게 힐링하네

안개비는 자연과 숲의
영혼이 메시지를 전하는 선물
살다 삶이 힘들 때
여행에서 걸었던 사려니 숲과
안개비의 신비스러움을 소환하여
마음의 힐링을 가지리라

문학기행

아름다운 곳 거제도
바다야 잘 있었나
오늘은 더 푸르게
힘을 과시하네
너는 변함없는 수호천사로
거제도를 사랑하고 있구나
너를 보니 몸속에서
청춘의 힘이 출렁이는데
젊은이들은 나를
뱃가죽이 쭈글쭈글한
힘없는 할매라
알게 모르게 멸시를 주는데
바다는 한결같구나
사람의 마음도
너 같아야 하는데…
오늘은 대구여성문학 회원들과
바다가 있는 거제도에
콧바람 쐬러 왔다
또 언제 올지 몰라
우리 그때도 오늘같이
마음의 포옹을 하자

봄볕

여명의 소리에 깨어
푸석푸석한 몰골로
거실에 나오니
창가에 내려앉은 봄볕이
환하게 웃으며
오라 손짓하네

가까이 가니
지난날의 따뜻했던
엄마의 품이어라
살금살금 다가가서
어루만지며 안기니
엄마의 손인가
등을 토닥이네

황홀한 아침
사랑과 기쁨을
내 품에 안겨주는
봄볕아 나는 널
사랑하지 않을 수가 없구나

푸르던 시절

지금은 그 옛날
선술집 주전자처럼
울퉁불퉁 쭈글쭈글
긴 삶의 역사를
안고 있는 볼품없는
백발의 노인이지만

노인도 한때는
미니스커트 입고
쌩 머리카락 폴폴 날리면
멋을 부렸지

꿈도 많았던
스무 살의 예쁜 시절도
있었답니다

아~~~ 무릎 위에 올라간
저 하얀 원피스가
새삼스레 입고 싶다

길 위의 삶

한 걸음 걷고 또 한 걸음
묵묵히 걸어온 삶의 길
바람 불고 눈비 오는 날에도
멈출 수 없어 걷는 걸음

햇살은 가끔 등을 밀었고
묵묵히 함께 걷는 그림자
넘어지고 다시 넘어지니
삶이 조금씩 알아 지네.

행복 속에 슬픔을
눈물 속에 기쁨을
쓴맛 속에 단맛을
삶은 늘 그렇게 동행하는 것
이 길의 끝이 어디일지 몰라도
언제 끝날지 몰라도
살아있다는 그 자체가
이미 아름다움인 것을
이제 욕심은 내려놓고
천천히 남은
그 길을 걸어가리라.

웃음을 심자

얄미운 저 세월은
머리는 백발 얼굴은 검버섯
대단지 군락지로
열심히 터를 일군다
거울을 보고 울까 웃을까
박꽃처럼 하얀 얼굴아
복숭아처럼 탱탱했던 얼굴아
다들 어디가 있니

야속한 저 세월
오죽 같은 머리를
명주실로 바꿔놓고
오늘도 태연하게 가고 있다
일그러진 얼굴에 화를 내니
거울 속의 여자가 맞장구를 친다
그냥 그러느니 하며
수연낙명(隨緣樂命)으로 품으리라
옛것 간직한 삶을 불러
그때 화창했던
꽃잎이나 날려볼까
순간이나마 젊음이 돌아오게

상상의 나래

어둠을 헤치며
달려간 곳엔
달빛을 안고
평화롭게 자고 있는
너의 모습을 훔쳐보다
나도 모르게
체온에 취해
잠들고 말았다

달콤한 꿈에 젖었는데
어둠을 삼킨
여명의 호통에
주섬주섬 그 모습
눈에 담아 돌아왔다

언제쯤이면
오롯이 평화로움을
만끽할까

봄의 미색

저것들 좀 보소
눈부신 봄의 미색이
싱글벙글 웃으면서
아지랑이들과
황홀함에 취해
사푼사푼 춤추며 오고 있다

나는
그대가 반가워
양탄자를 깔고
마음 가득 차린 주안상을
가슴 문 활짝 열어
아양 떨며
영접하리라

둘이 하나가 되어
들과 산을 정복할 때
서로 떨어지지 않게
동아줄로 묶어 두둥실
최고의 기분으로
톡톡 튀는 봄의 등을 타고
여행을 다니리라

삶과 죽음의 사이 숨결

삶과 죽음은 책의 시작과 끝장처럼
존재의 양 끝단을 이룬다
엄마의 자궁으로 삶의 문을 열고
세상에 발을 들이는 그 순간부터
삶의 첫 장을 넘기기 시작하여
때가 되면 마지막 장을 넘기고
조용히 사라진다
넘긴 페이지들 속에 수많은 날과
감정들 그곳에 우리가 존재 한다
첫 울음소리와 함께 시작된 여정은
사랑과 기쁨 슬픔과 고통을 배우며
넘어져도 걷기를 멈추지 않는다

늘 완벽하지 않은 삶이지만
불완전함 속에서 깊은 의미를 찾는다
죽음은 모든 것을 끝내는 것 같지만
삶에 있어 하나의 순환일 것이다
나무는 낙엽을 떨구고 낙엽이
흙이 되어 새 생명을 키우듯
죽음도 누군가의 시작이 될 수 있다
사랑하는 이를 잃는 고통은 크지만
그 사람이 남긴 따뜻한 말 한마디 웃음소리

함께했던 시간은 영원히 살고 있다

삶은 죽음으로 달려가는
여정이 아니라 순간을 살아내는 과정이다
내일이 올지 아닐지 알 수 없기에
오늘을 더 진하게 살아야지
하고 싶은 말을 망설이지 말며
죽음을 준비하는 것이 아니라
삶을 완성해 가는 것이다 한다
삶과 죽음은 하나의 흐름으로
죽음이 있기에 삶은 더욱 빛이 나고
그 사이에서 하나뿐인 지금을 살고 있다

친구에게

안녕 친구야 다람쥐 쳇바퀴 돌리는
하루의 일과는 잘 끝냈니
코로나로 마비되었던 행사가
줄 사탕처럼 매달려 나를 귀찮게 한다

계속되는 행사에 체력이 앙칼을 부리구나
짜증을 낼까 하는 찰라 달려온 너의 카톡에
피곤함이 고개를 숙인다
황혼에 젖은 나이지만 참여할 곳이 있고
친구들도 많으니 아직은 살만한 삶이다

3~4월은 만물이 분주해지고
원동력이 넘치는 계절
친구야 우리도 울긋불긋
색동옷을 입은 들과 산으로
철벙철벙 꽃물 일구러 가지 않을래

꽃처럼 환한 너의
답장을 기다리고 있을게

오월은

오월은 장미의 계절
만발한 장미꽃
그 향기 짙어
코가 하늘로 솟네

화려한 장미를 보니
오래전에 가버린
나의 열정이 다시 돌아오네

오월은 눈부신 계절
코가 실룩실룩
꽃향기는 마음을 끌어
장미에 입맞춤을 시킨다

마음을 준비하다

회색 도시를 벗어나
자연이 숨 쉬는
산과 들로 나들이를 했다
벌판을 지나니
색동 치마저고리 입은
나뭇잎들이 무대 위에서
만인의 눈과 마음을
끌어당겨 즐거움을 안겼다
곱고 예쁘다 감탄 감탄
할매 할배도 늙기 전에는 저랬는데
그 세월
오래가지 않음을 그때는 몰랐지
저쪽을 보다 이쪽을 보며
어느새 쌀쌀한 바람에
휘몰리는 나무들의 모습에서
늙음을 그린다

못 잊을 사람

실버들 늘어진 강기슭
추억이 자맥질하는
그리움의 강
정답던 사랑이
강물 따라 흘러가고
그리움만 남은 곳
영롱한 햇살은
나의 창가에 앉아
아침 이슬 같은
신선한 입맞춤을 남기네
첫사랑에 대한
그리움 한 조각
버들가지에 매달려
바람에 흔들리네
가는 세월에
다들 보냈는데
왜 너만을 못 보냈나

일몰

바다와 어우러진 노을의 추앙(推仰)
그 아름다운 광열(狂熱)함 평화로워라
바다를 붉게 물들이고
화려했던 모습이 서서히 서서히
이별 준비하더니
눈 감았다 떠보니
자취를 감춘 신비에
을숙도 다대포의 해돋이
전망대 주위가 숙연(肅然)하다
사람도 화려하게 살다가
세상과 하직할 때
다대포의 노을을 닮자
느낌이 묘했다
하루를 충만하게 보냈지만
일몰의 순간을 보니 허탈함에
쉽사리 자리를 떠날 수가 없었다
내 삶의 일몰을 상상하니
마음 한곳에서 쓸쓸함이 일고 있다

2부
아지랑이 춤사위

찻잔에 사랑을 담은
찐한 향기 맡으며
운치에 취하여

산책

연초록 양산을 쓴
가로수 밑을 걷는다
햇살을 잡고
봄을 찬양하니
사물들도 반겨 주네

아지랑이 춤사위로
봄이 깔아놓은
꽃잎을 밟으며
활기찬 봄의 향연을 따라
조용히 사색에 잠겼다

가끔은
이렇게 혼자 걸으며
나를 돌아보는 자숙(自肅)의
시간이 보석이 되리라

해운대 밤바다

해운대의 밤바다
수많은 사연을 품고도
말없이 평화로움을 안겨 주는 곳
다정히 걸으면서 심어놓은
추억의 발자국을 켜고

마음속의 쑥스러웠던
사연들을 숨겨 놓은 곳
황금빛으로 돌려주는 곳
넉넉한 품에 싱싱한 추억들이
옹기종기 모여 있는 곳

오늘 밤엔 꿈나라 가서
그리움도 웃음도
첫사랑 얘기도
주저리주저리 늘어놓으며
해운대의 밤바다를
밤새워 거닐어 보련다

초등학교 동창 모임

까까머리 단발머리
콧물 흘렸던 동무들이 왁자지껄
전국의 지방에서 30여 명
동촌 유원지에 모두 모여
왁자지껄 한마디씩에
금호강이 출렁출렁 흥분 상태다
얼굴엔 복숭아털이
뽀송뽀송했던 동무들이
어느새 불그스름한 노을이다

반세기를 훌쩍 넘었더니
그때의 동무가 아니어서
서먹서먹했는데 곧 시간이
이름을 부르게 했다
푹 곰삭은 수다 보따리를 풀어서
온종일 동촌 유원지의 혼을 뺐다

여기서 늙음을 멈추고 남은 세월을
융성하게 살아가면 얼마나 좋을까
맞잡은 손으로 마음을 전하며
안~~~녕
그저 허허 웃으며 손을 저었다

봄이 오면

세월아 누가 너를 쫓느냐
왜 이리 빨리 가느냐
나는 계절이 바뀔 때쯤
입맛을 잃는 병이 있다
올해도 어김없다
그냥 은근슬쩍 지나가면
예쁘게 봐 줄 텐데
먼저 와서 엉겨 붙어
몇 날 며칠 먹지 못해 혼미하다
견딜 만큼 견디고
참을 만큼 참았다
굶어 죽지 않을 바에
입맛에 도전장을 내어
잃은 맛을 돌아오게 하자
동생이 갖고 온 봄나물들
가죽순은 김치 담고
돗나물은 고추장 참기름 넣고
양푼에 금방 지은 밥과
두루 스킨쉽을 시켰다
이만하면 입맛이 돌아오겠지
금상첨화로 쇠고기 파티가 겹쳐
에너지가 온몸을 휘젓는다

부모님 산소에

무성하게 자란 풀들이
부모님의 집을 덮고 있다
바람결에 스며드는 그리움
다섯 남매 발걸음 모아
두 분이 계시는 곳에 왔다

손잡지 않아도 전달되는 마음
말하지 않아도 서로의 눈빛은
감사와 사랑을 말하네
아버지의 정이 담긴 헛기침
어머니의 따스한 마음의 손길

남매들의 가슴속엔 끊임없이
길을 비추시는 부모님
오늘 다섯 갈래 인생길을 모아
무릎 꿇으니 부모님의 향한 마음은
언제나 한결같이 애닮기만 하다

부산 여행

늙은 청춘들이 여고생들보다
더 왁자지껄 부산 터미널을
놀라게 한다
누가 뭐래도 상관없다
지금의 기분 달아날까
사생결단이다
늙은 청춘들이라 이야기보따리가
두툼한 탓이리라 그러느니 봐줘

오륙도 바다를 눈 안에 넣고
길게 놓인 스카이워크를 걸어
바다의 냄새를 맡으며
이기대 해변 길을 산책하고
광안리 해변이
훤히 보이는 곳에 서서
그와 걸었던 그때의 추억에
그리움을 꺼내어 봤다

오늘 포항 사는 친구도
만나지는 못했지만
같은 부산에 여행을 왔다니
안 봐도 본 것 같아 반갑다

삶의 원동력이 용솟음치는
광안리에 추억 한 줌 심어 두고
옛 그리움들을 떼놓고 건강과 행복의
에너지를 마음에 담아 왔다

봄날

화창한 날씨라
하늘도 푸른 강물 같다
봄바람이
치맛자락을 들춘다

이 나이에
가슴이 두근두근
입은 헤벌쭉
모두가 신기하고
황홀하다

콧노래가 절로 나오고
마음이 간질간질
좋은 일이
생길 것 같은 봄날

향긋한
봄의 바이러스에 젖었다
주책이라 말하지 마
마음만은 십팔 세란다

시(詩)

별꽃으로 수놓은 밤
어두운 밤이지만
어둡지 않은 밤
너를 만나러 간다

별빛이 내리는 밤
그리움이 넘실거리는 고요한 시간
너를 만나 시간을 함께하련다

오랫동안 머릿속이
실타래처럼 엉켜
해야 할 일들도
제 몫을 잃고 헤매더니
오늘 밤엔 너와 대화를 나누니
마음이 풀려 상쾌하다

시의
덕분인가
너는 내 마음의 도우미

장사상륙작전 전승기념관

동해 일원으로 여행을 자주 가지만
단체로 갔기에 정해진 시간 관계로
구경을 샅샅이 못 하고 대충대충

이번 여행은 넉넉한 시간을 갖고
여러 곳을 둘러볼 수 있었다
영덕 장사상륙작전 전승기념관이 처음이다

유일하게 바다 위에 건립한 호국전시관
작전을 위해 목숨을 희생한 학도병들과
민간인 선장과 선원들의 거룩한 희생이 있었기에
우리들의 오늘이 있게 되었다

가슴이 숙연해지고 코끝이 찡하다
장사상륙작전에서 산화한 영웅들의 위령탑에
묵념하고 감사의 마음을 안고 왔다

고향 산천

산과 들이 마을을 에워싼
아름다운 곳
미래의 꿈과
희망을 부풀게 한 고향
낮에는 초가집 마당에
햇살이 가득했고
밤에는 별들이 은빛 가루를
마당 가득 쏟았지
평화로운 곳 계절마다
특색의 꽃향기에 취하여
마음은 부드러운 바람처럼
발걸음은 새털처럼 가벼웠지
널따란 공터는 어린이들의 놀이터
세월이 흘러도
마음에 간직한 고향의 추억은
언제나 정겨움이 흐르고 있다

사랑해 너를

친구야 우리 욕심 때문에
많은 날을 미워하며
몸도 마음도 헤어졌지
별거 아닌데 옹졸하게
긴 날들을 원망으로
마음 아프게 했지
종착역이 가까워지니
철이 드나보다 우습구나

길을 가다 우연히 너의 수척한
모습을 보니 미안함이 들더라
비 온 뒤 솟는 죽순처럼 옛정이
새록새록 솟아 저절로 미소가 감도네
이제 우리는 서산에 걸터앉은
노을이 아니겠나

사랑이든 우정이든 쓰잘데기 없는
욕심일랑 예쁘게 포장하여
가슴이 넓은 바다로 보내고
우리 만나 함께 웃으며
종착역까지 건강하게 가자
친구야 사랑해

왜 니가 질투를

보름달 같은 가로등 아래
포옹하는 연인들의 그림이
유난히 선명하다

심장을 확장하는 소리
가슴에서 울리고
무수히 날아오는 파편들
온몸을 관통하는데

철모를 쓰고 갑옷을 입었나
요지부동이다
저것 좀 봐 어쩌면 좋아
아~~~

드디어 내 심장도 불을 지폈다
하늘을 찌를 듯이
활활 타오르는 기막힌 황홀함
저게 사랑이구나

미련을 버려

언제부터
무엇인지
알 수는 없지만
간직했던 소중함이
달아났더라

그로부터
세상은 온통
적막감만 가득
오늘도
그 무엇을 품으려고
발버둥 치지만

마음에 잡히질 않고
더 멀리 훨훨
돌아오지 않을 것에
미련 갖지 말고
새로운 것을 찾아
날개를 펼쳐보자

즐거운 하루

한여름의 상징(象徵)
삼복더위의 맛은
청양고추 맛이더라
온몸에 수분을 짜느라
숨을 헉헉거리게 하네

발코니의 회전의자가
창문 열어놓고 오라네
마음 기쁘게 안기니
엉덩이를 춤추게 하고
어디서 온 바람인가
피부에 애모를 한다

가로수들도
세찬 바람의 스킨쉽에
온몸을 비틀며 웃고 있다
낮잠 자던 매미도
기분이 좋은지 선잠 깨어
노래 한 곡 뽑는다
오늘도 즐거움에
웃음꽃 피는 하루

모정(母情)

대구역
롯데백화점 뒤편에
조형물로 세워진
펭귄 모녀가 있다
엄마 펭귄이
새끼 펭귄을 다정한 미소로
바라보는 사랑스러움이
아름답다 못해 경이롭다

그곳을 지날 때마다
펭귄 모녀를 보면
나도 자식을 키워서
저런 마음이라 애잖다

눈 내리는 한파에는
발 시려 어쩌나
삼복더위엔
발 뜨거워 어쩌나
조형물이지만 자꾸만
펭귄 모녀에게
마음이 끌린다

사생결단

한밤의 무더위와 티격태격 싸우다가
성에 못 이겨 벌떡 일어나
네가 이기나 내가 이기나
한판 붙어보자며 훌렁훌렁
옷 벗어 던지고 반나체로 덤비니까
더위도 어이없었는지
잠재워 놓고 도망쳤다

아침에 일어나 몸을 보니
모기란 놈들이 밤새 웬 떡이냐 싶었는지
떼거리로 속살을 파헤쳐
아까운 내 피를 빨아 먹을 때
미안하지도 않더냐

요놈들아 먹을 것이 푸짐한
뚱보 아저씨가 옆방에서 자고 있었는데
바싹 마른 몸의 피가 그렇게 좋더냐
꿀맛이더냐. 요놈들아 어디 두고 보자
오늘 밤엔 너희들 산 채로 잡아서 통구이 하리라

까치에게

오후에
창가의 테이블에 앉아
차를 마시며 바깥 풍경을
즐기고 있을 때
맞닿은 정원의 느티나무에서
까치가 까까 아는척 한다
뭐라고 하는지 화답을 못 하고 있을 때
불현듯이 옛날 시골집 감나무에 앉아
좋은 소식을 알려주던 까치 생각이 났다
그 까치의 후손인가 정겨운 소리로
고향의 향수를 안겨주니 반갑구나

언제부터 이곳에서 살게 되었나
고향 산천은 천당이고 이곳은 지옥인데
뭐하러 여기서 힘들게 사니
하늘을 향해 시원하게 뻗은 빌딩들이
잘 지어진 새들의 아파트인 줄 알고
문화생활 즐기려고 분양받았나
긴히 말해 줄게 고향으로 돌아가렴
매연과 시멘트 가루들이 숨구멍을 막아
사람들도 살기 힘든 곳에서 까치가
살 환경이 못 돼 까치집을 지을 터도

건축 재료 구하기도 쉬운 일이 아니야

초목이 우거지고 토양의 냄새가 풍기는
시골로 가서 튼실하게 집 지어
가족들과 알콩달콩 살거라
까치야 너는 원래 좋은 소식을
전해주는 소식 맨이지
너가 인사하는 날은 행운의 날이더라
오늘도 까치 덕분에 기쁨을 안고 행복할 게
정감을 주는 까치 까치야 사랑해

파크골프

잔디에 햇살이 내려앉아
아침 이슬을 거둬 가네
건강을 안겨주는 파크골프
지루함 대신 즐거움을 주는 놀이
유유상종들과 한팀 되어
골프를 치니 노년이라 깔보는지
지 멋대로 달아나는 볼에
웃음소리 요란하다

볼아 니가 가고 싶은 곳으로
돌아보지 말고 가라
생각 없이 멋대로 달아나는 공
아쉬움이 교차해도
골프를 잘 치는 친구가
홀컵에 단번에 넣으면
그 날은 모두가 기분 좋은 날이다

노년들이 즐기는 지금의 순간이
소중하므로 실수해도 웃고
성공한 샷에 환호하며 재미있는
이야기를 만들어가네
파크골프 운동으로
기쁨과 웃음에 취하리

친구가 별나라로

함께한 시간은 그리 길지 않지만
정 나눈 세월은 반백 년
속내를 탈탈 털어 주고받았던
소담들을 어떻게 지울까
작열했던 태양이 서산 넘어가며
뿌려놓은 화기는 식을 줄 모르고
송골송골 맺혀 있는 땀방울
떨치려 둘은 강변으로 갔지
잔디밭 벤치에 앉아서
웃음소리 가득했던 그 날들
꽃보다 아름다웠던 순간들
다시 올 수 없는 그 날들
가슴을 애태우는 추억이 되었다
함께 나누었던 너와 나의 비밀들
서로의 아픔을 위로했던 순간들
이렇게 더운 날에 누구랑 강변에 갈까
미소짓는 별들처럼 누구와 속삭일까
둘이서 그려놓은
그림들은 더욱 뚜렷하건만
너는 별나라에 가고 없는 데
상흔들은 남아 나를 슬프게 하네

가슴이 시리다

왜 그랬을까
이제 와서 무얼 얻자고
옛정을 찾나
조금이라도
마음을 채워주었더라면
그 마음 받아 주었다면
좋았을 텐데
가슴이 시리다 못해
얼어버렸다
아쉽다
미치겠다
후회스럽다
늦었지만
마음을 데우고 싶다
갈망한다
회색으로 변한 마음
연초록으로 물들게
그 마음을 찾겠다

가을에 젖어

한 시절은 행복의 시절
흐르는 물처럼
자유에 싸여 웃음 짓던
고운 얼굴 어디메 가고
낯선 모습 낯선 얼굴
늦가을 들녘에 서 있는
허수아비처럼 가엽구나
이런 날 그 누구든지
슬그머니 다가와
아름답게 익은 모습
무게 있게 보인다는
그 한마디 들려주면
초라함에서
생기가 번질 거다

미운 놈

황혼에 접어든 사람들
하루에도 수없이 뱉는 말
세월이 빠르다
매끈한 얼굴에
굵은 이랑을 만들어 놓고
거기다 검버섯까지 모종을
뿌려 났으니 심보 중에
고약한 심보다

빠르게 달리는 세월보다
미운 놈이 또 있더라
어디서 온 놈인지
이름도 촌스럽게
코로나가 뭐니
꺼져가는 늙은이들의 삶을
송두리째 짓밟고 두문불출하라
감금시키는 세상에서
제일 나쁜 놈이 코로나19더라

자식도 만나지 말라
친구도 만나지 말라
일과 친척도 만나지 말라

에라 천지에 나쁜 놈아
소코뚜레 채우듯이 입도 막아놓고
이게 무슨 짓이냐 벌 받을 놈아
니 놈 때문에 몇 년 동안 얼굴에다
이랑을 움푹 파 망칙스럽네
에이 코로나 나쁜 놈아
짜증나고 징그러우니까
빨랑 눈앞에서 사라져라
1919~1923까지

제행무상(諸行無常)

낭만이 출렁이던
젊은 시절의
아름답던 그림들
그 모든 것이
어느 한순간
바람에 날아가더라

우두커니 서서
먼 산 보듯이
쳐다만 봤지
그러자니 마음
엄청 괴롭더라

하지만 요즘에는
뼛속까지 파고드는
시림 때문에
예사롭지가 않다
앞으로 어찌할꼬

가을비 연인

몸이 찌뿌등했어
쉬고 있는데
가을비가
밖으로 불러내더니
커피숍으로 데려가네

바깥 풍경들이
재잘거리는 창가에서
눈을 의심케 하는
알듯 말듯한 얼굴
테이블에 앉아
미소 지으니
소름 끼치도록 반갑다

차 한 잔 마시니
슬며시 따라 마신다
얄궂어라
혼자 중얼거리는데
고개 끄덕이는 다정함
그리움을 안겨주는 상혼
상혼이여 고요히

고요한 밤

숨소리마저 잠들은
고요로 덮인 밤
혼자란 느낌에
적막만 에워싸고
와달라고 소리쳐도
부메랑 메아리만
귓전을 울린다
새벽닭 울기 전에
두텁게 싸인 외로움을
파헤쳐 준다면
세상에서 딱 한 사람
나에게는
소중한 사람이 될 텐데
바람도 죽은 듯이 고요한데
외로움은 토닥토닥
잠들지 않구나

사랑아

보고 싶다 사랑아
이 시간엔 배가 고파
어미의 젖무덤 찾는
아이같이 더듬거린다

곁에 있으면
품속을 파고들어
응석으로 보채고 싶다
와인 잔에
그리움이 툭 터졌다

보고픔이 골을 파며
오장육부를 파헤치네
외로움과 그리움이
눈처럼 쌓이는
이~ 긴 밤을 어찌하랴

웬일이니

화창한 봄날
들꽃들이 살랑거리는
오솔길에서
약속이나 한 것처럼
너를 만나니 일정에도 없었던
버스킹(busking) 공연

두 손 꼭 잡고
꽃과 나비가 되어
멋진 나래를 펼쳤다
아름다움에 취하고
행복에 취하여
마음은 빙글빙글 춤을 추었다

시간이 갈수록
너의 온기에 취하니
앞에서 오고 있는
헤어질 시간이 얄밉네
자꾸만 미워지네
이대로 머물고 싶다
아~~~~
황홀한 시간이여

3부
추억들은 창공을 날고

늘 혼자인 맘
외로움에 동여매어
몸부림친 나날들

얼굴들

세월에 밀리고
삶에 쫓기다가
돌아보니 억수로
멀리 와 버렸네
젊은 날의 추억을
소환해 보지만
어둔한 마음은
떨어뜨릴 수 없다

함께 희로애락을
나누었던 친구들도
얄밉게 수만 리
먼 곳으로 이사를 가고
휘날리는 눈송이마다
녹아내리는 그리움

달자야 니들 어디 있니
좋아했던 사람도
미워했던 사람도
똑같이 보고픔을 안겼다
녹아내린 눈처럼 보이지 않고
그리움만 소복이 쌓이네

우직한 마음

그리움아 니가 너무 그립다
푸르름을 걸치고 높이 기상했던
장밋빛 인생도 세월 속에 묻고
쓸쓸함만 남았네
연분홍 추억들은 창공을 날고

그리움과 함께 떠오르는 얼굴들
하나둘 점점 희미해진다
잠시라도 멈춰 서면
세상이 끝나는 줄 알고
우직하게 직진만을 향해
달려온 인생을 황혼이 안아주네

더 이상은 달리지 말라고
손 꽉 잡아 주네
삶의 애착도 사랑의 열정도
이제야 솟구치는데
무용지물 되니 안타깝다
지나온 세월을 돌이킬 수 있다면
앞도 옆도 돌아보면 살리라

석양빛에 물들은 인생

세월아 얄밉구나
언제 나를 예까지
데리고 왔느냐
철없던 새댁 시절은
기억도 없네
지난 세월 돌아보니
즐거움도 슬픔도
힘들었던 일들도
모두 추억으로 자랐네

인생 말년에 접어드니
꽃길은 펼쳤지만
평지고 꽃길이면
뭐하나 얼마 못 가
끝나는 길인 걸
좀 일찍 걷게 하지
서산에 노을은 웃지만
나의 마음 슬프구나

방랑하는 마음

혼자가 아닌데
늘 혼자인 맘
외로움에 동여매어
몸부림친 나날들
힘든 시간 속을
혼자서 허덕이며
흘린 숱한 눈물은
호수를 가득 채웠다

언제나 곁에서
동행해 준 눈물아
네가 없었다면
내 가슴은 터졌을 것이다
나는 어찌하여
혼자가 아닌데도
늘 혼자냐
오늘도 허공을 배회하는
마음이 가엾어라

네게로 가마

상쾌한 마음으로
너의 모습을 보고
듣고 느낄 수 있는
멀지 않은 곳이라
달빛을 밟으며 가고 있어

책상이 놓여있고
햇볕이 잘 드는
아담한 너의 방
달빛과 별빛이
쏟아지는 창가에서

네가 잠들고 있을
모습을 스케치에 담으며
너의 체취를 맡는다
새벽녘이 올 때까지
달콤한 꿈속을 누비리
너와 함께라면

첫사랑은

첫사랑은 풋풋한
맛이 나는 것
향도 싱그럽지
조금씩 익어가는
과일 같은 것

기다림과
그리움이 자라
때가 되면
톡 터지는
석류알 같은 사랑

상큼하고
발그레 익으면
맛도 향기도
짙어지는 사랑
그런 것이
첫사랑이지 예

내 청춘아

청춘아 나의 젊음아
어디로 사라졌나
무쇠의 건강은
누가 훔쳐갔나
돌처럼 굴리고
무시했다고 달아났나

청춘아 니가 가고 나니
노동에서 밀려나
초췌한 인생으로 절약
그 어디도 쓰이지 않아

벌판에 홀로선 허수아비
이것저것 눈치나 보구나
가슴이 미어지도록 그립다
젊음아 그때는 몰랐다

고마운 것들

그 언제였나
깔깔 웃음 쏟았던 얼굴들
고요가 짙은 밤
그리움에 싸여
허공을 누비는 줄
어떻게들 알고
웃음 꾸러미 메고
예까지 찾아왔나

그리웠던 얼굴들 오니
졸고 있던 가로등도
보름달처럼 밝구나
외로움 쫓고 나니
고요도 함께 가고
사방을 웃음으로 두르니
깔깔거리는 얼굴에
마음이 포근하다

생각을 하니

눈 내리는 날엔
그녀의 얼굴도
눈과 함께 생글생글
섹시한 몸매에
안고 싶은 욕구
화끈한 열기
얼굴 위로 오르고

쿵닥쿵닥
방망이 소리

못 견딜 괴로움에
죄 없는 가슴만
까맣게 타고 있다
아~~눈이여
내리지 마라
심장이 터질 것 같다

경대교

경대교를 걸어가면 시원한 강바람이
땀을 식히고 전국에서 제일 더운
대구의 여름밤을 반짝이는 별들과
물놀이에 황홀했다
지금은 다리가 넓지만 5~60년
그때는 1차선이라 좁은 다리에
인도는 더없이 좁았다
차들도 많지 않았기에 주변에 사는
사람들은 밤이며 인도에 자리를 깔고
여름의 더위를 식히며
이웃들과 오순도순 정을 나눴다
선풍기도 없이 살아가는
빈약한 시대의 삶에서
경대교는 강바람과 함께
더위에 시달리는 사람들의
얼음 역할을 했다
어둠이 짙으면 아가씨며 아지매들의
멱 감는 소리는 에이컨의 바람 소리다
어찌 잊으리라 경대교의 시원한
그 바람을 못 잊겠소

화려한 그대

오는 길 섭섭하지 않게
영접하려고 곳곳마다
오색 천 깔고 환영하리라
태양도 시샘하는 고운 빛
역시 추억도 화려하다

이 가을엔 또~~~
무엇을 앗아가고
어떤 것을 안길까
파란 하늘 아래
바람은 강물을 일렁이며
소리 없이 흐르고

즐거움을 만끽한
연인들의 고운 함성
메아리로 떠돌고
여기저기 뿌려진
사랑의 파편으로
그림을 완성하구나

슬픔은 왜

삶의 권태기도 육체의 갱년기도
모습을 봐 가면서 엉겨 붙어라

깊은 산 계곡물이 긴 세월을 흘러
강물을 만나 또 흘러 바다에 이르듯

우리의 삶도 시간에 떠밀려
육체는 시들어 가는 데
예전처럼 살고 싶은 욕심에
어떤 자양분을 먹어도
예전의 나는 될 수가 없네

기우는 노을을 보니
인생은 공수래공수거
모두가 부질없음에
붉게 가라앉는 노을을 바라보니
슬프고 슬프다

고향의 시냇물

맑은 물속에
오글오글 송사리떼
깔깔거리는
아이들의 웃음
자갈돌 부서지듯
웃으며 흐르고

발목을 간질이는
귀여운 물고기들
햇살에 반짝이는 물비늘
옛날 내 발자국이
아직도 거기 있는 듯

메기와 피라미가
꼬리를 흔들며
버들가지 사이서
사랑놀이 하고
흐르는 시냇물 소리는
어릴 적
내 이름을 부르는
엄마의 목소리다

나이 들어서

나이 들어서
거울 속 얼굴에
시간이 조용히 내려앉았다.
숯 같은 머리칼엔
첫눈처럼 흰빛이 스며들고
가슴 속 시계는
빨리 보다 천천히를 좋아하고

예전엔 멀리만 보던 눈이
이젠 가까운 사람의
미소에 머물고
손끝은 소유보다 따뜻함을
더
오래 잡으려 하며

나이 들어서 알게 된 건
하루가
얼마나 귀한 선물인지
그리고
사랑은 늦게 피어도
더
깊게 향기 난다는 것이다

사찰의 고요함

발걸음에 다져진 오솔길
소나무들과 우거진 잡목들
상쾌한 바람결에 살랑살랑
춤사위를 펼치고
발길 뜸한 암자엔 적막감만
소복소복 쌓이니 들리는
염불 소리 처량하여라

산속을 휘감은 적적함이
외로움으로 돌돌 싸였다
욕심 채우려고 쉴 새 없이
찾아왔던 걸음들은
지금은 어느 사찰을 가고 있을까

호소하는 마음을 살포시 안아주는
사각사각 정겹게 들리는 댓잎들의
노래에 사찰은 위안을 받고
돌아서는 발걸음도 무겁지 않았다
사찰이여 안녕

반성하며 살자

이제 힘든 삶은 살지 말자
죽을 것 같은 절망의 날도
누군가의 소중한 하루였음을
기억하며 아등바등 앞질러
가려고 하지 말자

설령 세월이 등 떠밀며 쫓아도
천천히 버티며 가자
오랜 세월을 앞만 보고 달렸다고
삶을 투덜대지도 말자 그땐
그렇게 사는 것이 삶에 대한 사명이다

그렇게 달려온 덕분으로
행복하게 살고 있지 않은가
우리 이제 두 손 꼭 잡고 함께
세상 구경하면서 걸어 다니자

지난 세월에 가난의 삶을 겪어온
서러움들 만개한 꽃잎에 싸서
훨훨 날려 보내고 후회할 일
남기지 않게 모난 삶을 살지 말자
노을빛처럼 아름답게 질 수 있도록
우리 그렇게 살아가자

고향의 계절

멀리 떨어져 있는 몸
가지는 못하면서
아프거나 외로워질 때는
마음이 찾아가는 고향

매미 목청껏 울던
느티나무 밑 그늘
오곡이 익으며 온 마을에
웃음꽃이 흐르고
밤새 소리 없이 눈이 내리면
친구들과 뛰놀던 고향의 들

노을 인생 되니 사무치게 그립다
어쩌다 **뺏긴** 고향 그때는 미안했다
지금은 어떤 모습일까
몸에 나이테가 감길수록
어렸을 적 고향이 그리워진다

내 친구들

밤하늘의 은하수를 따라
깔깔거리며 웃는 별들
영자 귀자 막달이구나
나만 두고 다들 모여서
도란도란 이야기하고 있네

소꿉놀이하던 내 친구들
함께 놀자 이름 부르며
달려올 것 같아 기다려지네
돌담처럼 순박한 친구들이랑
이야기 봇짐 헤쳐 놓고
재잘거리고 싶다

생각만 해도 신이 난다
언제 그런 날이 오려나
목청 높이 소리치니
그들의 화답은
반짝반짝 소곤소곤
천천히 만나자며
구름 속으로 들어가네

가을 하늘

가을 하늘을 올려다보니
눈~~
시리도록 깊고 맑은 강물에
내~~
마음도 첨벙첨벙 물장구 치고
투명하게 피어있는 구름은
잡힐 듯 가깝지만 끝내
닿을 수 없는 그리움이어라

가을을 안고 온 바람은
그리움의 흔적을 흔들고
햇살은 조용히 미소를 던지네
그 속에서 잊고 있었던
추억 하나가 불현듯 떠올라
하늘빛에 묻어 흐르듯 번지네

끝없이 맑은 그 너머에
내 추억도 흩날려
보랏빛으로 물들다
가을 하늘은 그래서
추억의 저장고라
때로는 텅 비어 허전하지만
때로는 따뜻한 마음의 거울이어라

결혼은

내가 겪은 결혼은
해도 후회 안 해도 후회
둘 다 후회로 남는다

결혼할 때
꿈꾸었던 삶은
장애물들이 가로막아
만나지도 못하고
소멸했다

속고 속이는 존재
결혼은 나를 속이고
너를 속이는 것

해도 후회 안 해도 후회
그러나 결혼을 하면
딱 한 가지 억만금을 주고도
살 수 없는 보물을 얻는다

기분

여행가는 차 안에서
친구는 기분이 좋은지
두 팔은 날개가 되어
훨훨 춤을 췄다
친구야 응
술 한 잔 마시니 취하냐
조금 취해
근데 몸이 날아갈 것 같아
친구의
얼굴은 잘 익은 토마토
말투는 달콤한 솜사탕
버스가 흔들릴 때마다
친구의 웃음도 흔들흔들
친구야 응
우리 어디로 여행가나
몰라 그냥 가
그 순간
여행의 즐거움보다
친구가 놀고 있는 모습이
더 즐겁고 사랑스럽다
친구야!
오래오래 함께 여행하며 즐겁게 살자

시련 속에서

바위야 산이 아니고
바닷물에 잠겨 살고 있나
상상을 초월할 시련에
많이도 아팠을 텐데
한 마디 불평도 없이
그 자리를 지키는구나

때론 부드럽고
때론 억센 애모로
스킨십을 해주는 파도가 있고
달님과 무언의 대화도 나누고
그윽한 햇살에 취하며
이런저런 삶의 세월은
별반 다르지 않다고 말하는 바위
너의 진실한 교훈 감사해

이별은 아픔이야

하루가 멀게
우주에서 일어나는
아름답고 깊이 있는
이야기를 담아
카톡 문을 노크하던 사람

그 사람이 어느 순간
공백을 쌓더니 갑작스레
수많은 인연을 끊고
혼자 새벽길을 떠났다네

천천히 가도
누가 말하지 않을 텐데
이제 막 단풍색을 내려고
준비 중인데 고운 색감 들기 전에

새벽이슬 맞으며
길을 떠났다고 하니
뒤통수를 쾅 맞은 느낌이다
폰 속에 누구란 이름을 지우는
손가락이 떨었다

고향 집에서

논두렁을 걸어오는
아버지의 바지에
흙물이 줄줄
고무신으로 들어가고
햇살 내려앉은 밀짚모자는
금빛처럼 반짝인다

아버지가
짊어진 지게에는
참외들의 나들이에
환호성이 요동치고
아버지의 발자국에
누렁이도 좋아서
꼬리 춤을 춘다

엄마는 마루에서
칼국수를 만들고
솥에는 멸치들의 발작에
구수한 냄새가 집안을 에워싸고
가족들의 배에서
꼬록꼬록 들리는 화음들
웃음이어라

추억

아지랑이 춤추는
바닷가에서
너와의 추억을 안고
출렁이는 파도에
마음을 얹으니

바닷물이 덩실덩실
춤을 추네
아~~아
파도야
딱
한 번만
만나 보게

그날로 돌아가자
변하지 않고 있을
그들을 만나게
아~~ 그리워라
그날의 추억들

추석날 선물

가을 햇살 고운 날
선물 꾸러미를 싣고
아들이 왔다
트렁크를 여니
붉은빛 한우 고기
과일 상자 이것 저것
챙겨온 풍성한 마음

고기보다 선물보다
더 따뜻하게 번져오는 건
엄마라 부르는 소리
어디 한번 안아보자며
두 팔을 벌렸다
사회에서는
높은 직위를 가졌지만

아직도 나에게는 귀엽고 살가운
어린아이다
내 새끼들 고마워
추석이 더 빛나네
한가위 달빛보다 환하다

4부
소곤소곤 속삭이는

황홀한 날개를 달고
그대 손짓하는 곳엔
어디든지 가리라

시간의 여유를

너의 손을 잡고
훨훨 날아다니는
꽃잎을 헤치며
봄의 향기 속을
여유롭게 거닐고 있다

지겹도록 열심히
살아온 삶을 버리고
덕지덕지 붙은 것들을
탁탁 털어버리고
이제부터는
과거의 나를 없애고

현재의 나로 살아가리라
황홀한 날개를 달고
그대 손짓하는 곳엔
어디든지 가리라
장밋빛 같은 황혼의
삶을 살리라

사랑의 창고

사랑이란 글자에는
무한한 에너지가
저장된 창고다
자식으로 피어난
알콩달콩한 사랑
형제들과의
화기애애한 사랑
연인에게 받았던
융성한 사랑

사랑은 활력의 원천
사랑하는 마음은
삶의 마지막까지
활력이 될 것이다

화양연화(花樣年華) 마음으로
오늘도 너와 나의
주변을 위한 힘찬 사랑을
삶의 창고다 그득 채우리라

우뚝 솟은 대구의 팔공산

대구의 자랑 국립공원 팔공산
높디높은 산맥으로
자리한 자랑스러운 명산
맑은 산소를 뿜어내는
신록의 푸르름과 청춘의 익어 감을
곱게 단장한 화려한 모습의 단풍들
자연과 삶의 아름다움이 가득 찬 곳

팔공산의 웅장한 모습을
바라만 봐도 만사형통이로다
하늘에 닿을 듯이 솟은 산봉우리들
마치 비녀 꽂은 여인의 가르마 같은
정겨운 산책로를 걷노라면
팔공산의 수북한 산소에
막혔던 마음은 힐링 되어
편안해지고 여유로워진다

유서 깊은 팔공산 그 속에는
역사가 꿈틀거린다
동화사와 갓바위를 비롯하여
많은 고찰과 유적지가
곳곳에 자리하고 있으니

거룩한 역사를 읽으며 자부심을 갖는다

팔공산아 너는 수천 년 지나도
그때도 지금 같이 변함이 없겠지
참으로 신비스럽고 고귀하구나
자연과 역사가 어우러진 팔공산아
자태의 아름다움을 영원히 간직하여라
사랑한다 팔공산아!

푸르던 시절

남쪽에서 불어오는
감미로운 저 바람은
나 어렸을 적의
고향 바람 같구나
고향 산천을 앞세우고
살랑살랑 불어오는 포근한 바람

들과 산으로 망아지처럼
뛰어놀았던 코흘리개
친구들의 소식은
어느 바람에 실어 보내고
꽃봉오리 추억만 갖고
먼 예까지 찾아왔나

지금은
그 친구들도 나처럼
말랑말랑한 홍시가 되어
먼 산을 바라보며
청춘을 그리워하고 있겠지
아마 그럴 거야

봄과 한바탕

계곡물 졸졸 귓속을 청소하고
향긋한 풀냄새 코를 뚫어주고

겨우내 꿀잠 자던 만물들도
기지개로 일어날 준비운동하고

알록달록 아지랑이 빗장을 열라며
은근슬쩍 들어오니 얼씨구 좋구나

이곳저곳 봄의 내음이 용솟음치고
희망의 메시지에 몸도 들썩들썩

와~이리 좋으냐 참말로 좋구나
이런 기분을 선물한 착하고 예쁜 봄

대마도 미우라 해변

부챗살처럼 펼친 은빛 모래
에메랄드를 뿌려놓은 듯
신비로운 물결 처음 만남이지만
호수처럼 부드럽고 포근함에 푹 빠져
나이도 잊고 신발 벗고
바지 걷어 올리고 자박자박
은가루 모래를 밟으며
에메랄드 보석 건지러 들어갔다

맞은편에 우뚝 서 있는 수호신
바위가 바람결에 말했다
만져만 보고 갖고 온 것만 챙겨서
가라기에 신비의 바다에서 나와
발에 묻은 모래 알맹이 하나까지
탈탈 털어놓고 오염 방지를 위해
옷에 붙어간 지푸라기까지 챙겨 돌아왔다

밤하늘

머리에 백발이 난무하지만
두 눈이 보았던 그날의 밤하늘은
맑고 파란 강물이었다
내 마음은 지금 그 하늘을 만나게
훨훨 날아가고 있다

무수히 뿌려놓은 은하수를
한 움큼 손에 담아
그대에게 날렸던
그 밤을 찾아갔지만
별들은 보이지 않았다
구름만 듬성듬성 앉아
하늘을 회색으로 덮었다

별들을 손에 담은
그 밤이 너무 그리워
회색 하늘을 향해
별 대신 아쉬움을 한 움큼
허공을 향해 힘껏 날렸다

청춘의 마음

아직도 눈과 마음은
푸르던 청춘인데
수십 개 감긴 나이테가
장애가 되어 육체를
구석구석을 부수고 있지만
그까짓 거 하면서 이겨내고 있다

인생의 무상함에 죄 없는 마음만
괴로움을 당하니 안타깝다
달콤한 추억을 데리다 기죽은
마음을 살리자 생기가 넘치도록
에너지를 불어 넣자

가슴을 부풀리는 열정으로
질풍노도의 청춘 같고
마음은 녹색으로 출렁거린다
세월아 너라면 어찌하겠니

도산서원

꼬불꼬불 산길을 달려가며
조선의 유학자 퇴계선생이
손수 설계하여 지었다는
보기에도 기품이 하늘에 솟는
도산서원을 만나게 된다

산속에서 고요함을 깔고
도산서원 곳곳에서
아직도 그 옛날 선비들의
글 읽는 소리가 귓전에
들리어 오는 느낌이다
그때의 역사와 흔적들이
살아 움틀 거리는 도산서원은
선비들이 학문을 논하고
지식을 나누던 곳

세월이 흐르고 흘러 이제는
많은 이들이 찾아가서
옛 선비들의 견문을 얻는다
도산서원은 역사와 지혜의 보관소다
그곳에서 우리는 과거를 기억하고
미래를 열고 있다

사랑의 힘

사랑하는 마음은
수백 리
떨어진 곳이라도
그 사람이 보고 싶으면
언제든지
갔다 왔다 할 수 있는 마음

분주하지만 지치지도 않고
하루하루 일상도 덩달아
활기가 넘치고 마냥 즐겁다
낮에는 바람 편으로
고운 사연 보내고
밤이면 별꽃 한 아름 꺾어
달려가니 이보다 더 즐거움이
어디 또 있겠나

사랑하는 마음이 있으면
인생이 살아가는 삶의 즐거움
사랑의 힘은 행복의 근원
사랑아
나의 사랑아
내 마음도 달려가게 해다오

호박잎에 묻어난 그리움

거북등처럼 거칠고 깔끄러운 호박잎
겉면을 비비며 엄마 생각에 울컥
가슴의 심한 통증에 흐르는 눈물이
그리움을 달래 준다
엄마의 방식대로 호박잎 찌고
된장을 끓여도 엄마의 된장 맛은
어디로 갔을까 엄마가 해준
그 음식들이 간절히 먹고 싶다

밥상을 차려놓고 호박잎에 밥 싸서
꾸역꾸역 먹으니 눈물이 숭늉 되어
막히는 목을 열어주네
호박잎 쪄주던 엄마의 그때 나이
곱을 먹었지만 아직도 엄마를 생각하는
마음은 어린이여라 엄마 보고 싶어요
엄마라고 부르고 엄마라고 글을 써도
눈물이 납니다

봄날에

봄인가 보다
혼자 사는 친구가 외롭다며
전화를 했다
주저리주저리 떠들면서
마음은 벌써 봄바람을 타고
들과 산으로 파도가 거품을 토하는
해변으로 분주하게 어깨에 날개를 달고
마음은 끝없는 우주를 달리고 있다

바람이 속삭이는 소리도 듣고
나무들의 춤사위도 보고
콧노래도 흥얼거리니 즐겁다
연인의 마음도 느껴보고 싶은
화창한 오후

햇볕이
창살을 비비는 기분 좋은 날
내 몸도 봄볕에 녹아
한 줄기 빛이 되어
친구의 외로움에 동석했다

하늘도 가끔 장난을

하늘의 느닷없는 괴성에
우두둑 쏟아지는 빗줄기
산에는 번갯불이 마라톤하고
짐승들 겁에 질려 살기 위해
이리 뛰고 저리 뛰며
생명의 소중함을 느낀다

시시때때로 변화무쌍
우쭐한 마음도 자연의
노여움에 반딧불 같은 것

산 자들의 행동에서 새삼
목숨에 대한 존귀함을 알게 하네
때론 개구쟁이가 되어
땅에서 생존하는 만물을 향해
서프라이즈(surprixse)도 하구나
참말로 짓궂은 하늘이시다

석굴암의 전경

돌은 천년을 앉아 있었다
돌은 말이 없다
하지만 그 침묵은 깊다
바람이 수천 번 스쳐 가고
비가 천 번의 계절을 적셔도
그는 그 자리에 앉아
시간을 품는다

기도는 고요 속에 녹는다
나는 잠시
그 앞에 서서 숨을 고른다
돌의 눈엔 가을 하늘이 잠겨 있었다
그 앞에 서면
내 안의 시간도 멈춘다

돌 속의 고요가
내 마음을 닮아 간다
마음이 잔잔히 가라앉는다
말하지 않아도
이미 들려오는 침묵의 소리를 품는다

반항

곱게 물든 산야를
아무런 느낌 없이
바라보며
저물어 가는 마음
허공을 배회한다

무심한 세월이
가을을 데리고 오니
시니어 마음으로는
반갑지가 않다
하늘엔 강물이 흐르고
시린 마음은 낮달이
보듬는다

익어가는 가을이
싫다고 소리 질렀다
싱그러운 여름이 좋은데
겨울은 외롭고 쓸쓸하다
시니어들과
동병상련이라 싫다
녹음이 짙은 여름이 좋다.

축복

아기의 눈은
별처럼 반짝반짝
아기의 얼굴은
오동통한 보름달
방긋방긋 웃는
귀여운 입
보기만 해도 행복해

젖꼭지를 사탕인 양
쪽쪽 빨아먹는
앙증맞은 입
꿀꺽꿀꺽
단물 넘기는 소리에
행복이 흐른다

아기와 눈 맞추는
엄마의 얼굴엔
행복 꽃이 피고 있다

희생

길 건너 아파트 정원에
젊은 새댁이 갓난아기를 안고
산책을 하고 있다
저 순간이 얼마나 행복할까
새댁의 미소에
흐뭇함이 에워싸네
나도 저런 때가 있었지
저 새댁도 세월에 떠밀리어
노년에 접어들 때
자아(自我)는 먼지처럼 사라지고
엄마라는 이름만 남겠지

한세월이 이리도 빨리 가리라
누가 알았겠니
뇌 속엔 상념들로 왁자지껄
난장판을 벌이고
세월에 닳고 닳은 인생
존비(尊卑)처럼 되어도
엄마라는 이름을 얻어 자랑스럽다

동병상련

길을 가다 곱게 물든
단풍나무 밑에서 걸음이 멈춰진다
청사초롱 단풍잎아
네 모습이 참으로 찬란하구나
나도 한때는 너처럼
아름다움으로 불타오른 적이 있었단다

이제 곧 너나 나나 떨어질 모습이라
예쁘다고 감탄할 일이 아니라 슬프다
그런대로 한세월을 잘 살아온 것 같은데
어찌 이리도 마음은 개운치를 못할까

단풍잎아
지금 네 모습 정말 예쁘다
그 자리를 이탈하지 마라
떨어지면 아름다움도 허사다
남은 삶에서 나도 너처럼
아름답게 익어갈 거다

이래도 될까

봄이 익어가는 소리
꽃들의 웃음소리 가득한
팔공산 벚꽃 터널 지나
한티재의 커피숍에
무겁게 갖고 온
수다 보따리를 깔아놓고
시간아 너도 여기 앉아서
노을빛에 젖어 들은
구수한 이야기나 듣고 가라

호객행위를 하는 상인이 되어
웃음을 팔고 수다를 덤으로 주면서
천진난만했던 시절을 소환해
복잡한 삶을 이탈하여
감미로운 자연 속에서
오늘의 자유를 만끽하는
바람이 되리라

한순간

바다의 물을 석류 빛으로
물들이며 느릿느릿
하루의 삶을 종식하는 일몰
하도 신기하여 손에 담아
사진을 찍으려는 찰나
어쩌나
풍~덩
아이들이
차고 놀던
축구공이
웅덩이에 빠지듯이
눈 깜짝할 사이
사라졌다
사람도 마찬가지다
목숨을 거둘 때는
일몰처럼 순식간이더라

해운대에서

햇살이 쏟아지는 날
친구들과 해변으로 여행을 떠났다
너와 나 나와 너가 손을 잡고
힘찬 파도 소리에 달콤함을 삼켰다

느슨하게 풀린 마음
황홀한 웃음소리가 파도를 타고 출렁이고
모래사장에 누워 하늘을 바라보니
뭉게구름도 미소 짓고
하늘엔 별꽃이 금빛을 뿌릴 때

추억을 소환할 캠프파이어를 피우고
노래를 부르며 추억을 심었다

비릿한 바다의 향수를 맡으며
푸짐한 친구들의 웃음이
더한층 기쁨을 안겼다
여행이란 에너지의
원동력이며 삶의 활력소다

만사형통

아침에 일어나니
머리통이 무거워
들 수가 없다
밤새 용광로의 쇳물을
머리통으로 옮겼나
왜 이렇게 무겁나
모두가 귀찮고 만사가 싫다

이 봐 나쁜 놈이 들어와 있네
그래 너 죽이고 내가 살아야지
어디 한번 붙어보자
물에 약을 타서 머리통에 넣더니
찍소리 않고 얌전하다

얕보고 덤벼들어 쑤시더니
잘못 온 줄 알았는지
달아나더라
그까짓 것
감기몸살 쯤이야
아직은 이겨낼 수 있다
아싸
금세 에너지가 풀풀 솟는다

행복한 한가위

달빛이 온 대지를 비추고
보름달 속에는 토끼가
송편 만들려고 쌀가루를 찧고
거실에는 구수한 냄새가
풀풀 날고 있다

풍성한 음식상 차려놓고
오랜만에 한자리에
둘러앉은 가족들
정이 흐르고
웃음 넘치는 얼굴로
옛이야기 나누며
행복을 주고받는다

어린 시절의 고향 정이
가슴을 뭉클거리게 하고
하늘에 뜬 보름달만 봐도
넉넉한 마음
세상 곳곳에 외로움과 슬픔 없는
모두에게 행복한 한가위가 되었으면
하는 마음 한가위 파이팅

가을의 여행

낙엽이 흩날리고
햇살에
가을이
익어가는 거리를
너와 함께 걷고 싶다
단풍잎이 떨어져
두
어깨에 앉아
소곤소곤 속삭이는
그곳으로
함께 떠나고 싶어

분홍빛으로 흥건히 젖은
순간들이 지나가면
아름다운 추억으로
영원히 남겨질 테니
가을의 숨결이 느껴지는
그곳으로
너와 함께 떠나고 싶어
우리 지금

시골집의 전경

고즈넉한 시골 마을
리모델링한 집 한채
깨끗한 모습이 햇살을 받아
환히 웃는다
앞마당에 오랜된 백일홍 나무가
해마다 붉은 꽃을 피워
세월의 기억을 지킨다

벽돌과 유리창은 새로 왔어도
나무의 주름진 가지는
농부의 손마디처럼 굳세어
바람에 몸을 맡긴다
젊음과 늙음이 어우러진 풍경
새것과 낡음이 서로 기대어
더없이 따뜻한 집 한 채가 된다

여름햇살에 붉게 번지는 꽃잎은
리모델링한 집의 벽에
살포시 그림자를 드리우고
그늘에 앉은 이의 마음은
세월을 품은 채 고요히 쉰다

살아 있음에

컴컴한 골목길 무서워
외로움에 떨었던 날들
눈물 흐르는 얼굴에
차가운 바람만 스칠 때
멀기만 한 희망들의 아우성
날마다 자신과의 전쟁
고통과 암울 속에서도
피어나는 꿈의 씨앗
작은 빛을 찾아 헤매던 길
그 길 위에서
나는 다시 걷고 걸었다

힘들게 살아온 날들의 이야기
그 안에 담긴 아픔과 지혜
그 모든 순간을 소중히 여기며
새로운 내일을 향해 가리
이제 웃으며 걸어가고 싶어
과거의 상처도 나의 일부니까
힘들었던 날들이 쌓여
강한 나를 만들어 갈 테지
오늘도 살아 있음에 감사하다

바닷가에서

바다는 고요에 묻히고
별빛은 바다에 금실 대고
달은 잠자는 해변을
편안하게 감싸고
밤하늘과 밤바다는 일심동체로
어둠을 포개고 보이지 않는
삶의 요동 소리

고요를 헤치며 떠나는 저 배들
항해할 곳은 어딘가
비밀을 품은 밤바다
우리는 모래 알맹이 같은
존재로 밤바다의 매력에
빠져들고 있다

바다는 언제나
평화와 아름다움을
안겨주니 천근만근 무거운
마음을 바람처럼 가볍게 하네
그 멋에 나는
바다를 좋아하고 사랑한다

해·설

상실과 회복 속에서 피어나는 살아 있음의 빛

김영태
(명예문학박사·
전_한국문학비평가협회 부회장)

시집 『흐르는 시간 위에서』는 인간 존재의 내면과 삶의 여정을 시적인 언어로 탐색하며, 현실 속의 상처와 회복, 그리고 존재의 본질을 성찰하는 데 초점을 두고 있다.

이종열 시인은 시간과 공간, 인간과 자연, 생명과 죽음의 경계 속에서 변하지 않는 진실과 순간의 아름다움을 포착하려 한다. 『흐르는 시간 위에서』에 담긴 시들은 현실을 외면하지 않으면서도 그 너머의 정신적 차원으로 독자를 이끌며, 간결하면서도 상징적인 언어로 삶의 불완전함 속에서도 꺼지지 않는 인간의 빛을 노래한다.

이종열 시인이 추구하는 목적은 단순한 감정의 토로가 아니라, 인간이 스스로를 성찰하고 다시 일어서는 정신적 힘을 일깨우는 데 있다.

독자는 이 시집을 통해 현실의 무게를 느끼면서도 그 안에서 새롭게 피어나는 의지와 희망의 움직임을 목도하게 된다.
결국 『흐르는 시간 위에서』는 이종열 시인이 언어를 통해 세상을 치유하고자 하는 궁극의 시적 태도를 드러내며, 시가 단순한 감상의 대상이 아니라 존재의 의미를 다시 묻는 철학적 공간임을 보여준다.

지금은 그 옛날
선술집 주전자처럼
울퉁불퉁 쭈글쭈글
긴 삶의 역사를
안고 있는 볼품없는
백발의 노인이지만

노인도 한때는
미니스커트 입고
쌩 머리카락 폴폴 날리면
멋을 부렸지

꿈도 많았던
스무 살의 예쁜 시절도
있었답니다

아~~~ 무릎 위에 올라간
저 하얀 원피스가
새삼스레 입고 싶다

<푸르던 시절> 전문

시 「푸르던 시절」은 지나온 청춘의 아름다움을 회상하며 현재의 세월 속에서 사라진 젊음에 대한 그리움과 아쉬움을 담고 있다. 시 속의 화자는 세월의 흐름에 따라 변해버린 자신의 모습을 담담히 받아들이면서도, 그 안에 여전히 생생하게 남아 있는 젊은 날의 감정과 기억을 되새긴다. 선술집 주전자처럼 "울퉁불퉁 쭈글쭈글"해진 노인의 모습은 단순한 육체의 노화를 넘어, 인생의 굴곡과 세월의 흔적을 상징한다. 그러나 동시에 "미니스커트 입고 쌩 머리카락 폴폴 날리며 멋을 부렸던" 시절의 회상은 노년의 외형 속에도 여전히 살아 있는 젊음의 영혼과 열정을 보여준다. 마지막 구절의 "무릎 위에 올라간 저 하얀 원피스가 새삼스레 입고 싶다"는 표현은 단순한 복고적 그리움이 아니라, 다시 한 번 삶의 설렘과 생기를 느끼고 싶은 인간의 본능적인 욕망을 드러낸다.

이종열 시인은 결국 '흐르는 시간 위에서' 인간이 겪는 변화와 그 안에서도 사라지지 않는 젊음의 정신을 노래하며, 나이 들어감 속에서도 여전히 살아 있는 생의 온기를 독자에게 전하고 있다.

어둠을 헤치며
달려간 곳엔
달빛을 안고

평화롭게 자고 있는
너의 모습을 훔쳐보다
나도 모르게
체온에 취해
잠들고 말았다

달콤한 꿈에 젖었는데
어둠을 삼킨
여명의 호통에
주섬주섬 그 모습
눈에 담아 돌아왔다

언제쯤이면
오롯이 평화로움을
만끽할까
<상상의 나래> 전문

시 「상상의 나래」는 사랑과 그리움, 그리고 닿을 수 없는 평화의 순간을 향한 인간의 내면적 열망을 섬세하게 그려낸 작품이다.

이종열 시인은 '어둠을 헤치며 달려간 곳'이라는 시적 공간을 통해 현실의 경계를 넘어 사랑하는 존재에게 다가가고자 하는 마음을 상징적으로 표현한다. 달빛 아래 평화롭게 잠든 '너의 모습'은 현실 속 인연이라기보다 이상화된 존재, 혹은 마음속에서만 그릴 수 있는 순수한 대상이다.

화자는 그 평화로운 모습에 취해 잠시나마 현실의 고단함을 잊고, '체온에 취해 잠들어버린' 순간을 통해 사랑의 몰입과 자기초월의 경험을 느낀다. 그러나 이내 '여명의 호통'이라는 현실의 소리가 그 환상을 깨뜨리며, 시는 꿈과 현실의 대비를 통해 인생의 덧없음과 인간적 한계를 드러낸다.

마지막 연의 "언제쯤이면 오롯이 평화로움을 만끽할까"라는 물음은 단순히 사랑의 완성을 바라는 것이 아니라, 인간이 영원히 도달하지 못할 '내적 평화와 안식'을 향한 갈망을 의미한다.

따라서 이 시는 현실의 어둠 속에서도 꿈과 상상을 통해 잠시나마 평화를 느끼려는 인간의 본질적인 욕망을 시적으로 형상화한 작품이라 할 수 있다.

언제부터
무엇인지
알 수는 없지만
간직했던 소중함이
달아났더라

그로부터
세상은 온통
적막감만 가득
오늘도
그 무엇을 품으려고

발버둥 치지만

마음에 잡히질 않고
더 멀리 훨훨
돌아오지 않을 것에
미련 갖지 말고
새로운 것을 찾아
날개를 펼쳐보자
<미련을 버려> 전문

시 「미련을 버려」는 상실과 집착을 내려놓고 새로운 삶을 향해 나아가려는 의지를 담은 시이다. 시의 화자는 어느 순간 자신이 소중히 여겨왔던 무언가가 사라졌음을 깨닫고, 그 빈자리를 채우려 애쓰지만 마음은 허공을 맴돈다.
"언제부터 무엇인지 알 수는 없지만 간직했던 소중함이 달아났더라"라는 구절은 상실의 원인조차 명확히 알 수 없는 인간 존재의 근원적인 허무와 덧없음을 드러낸다. 그러나 이 시는 단순히 슬픔과 공허함에 머물지 않는다. "돌아오지 않을 것에 미련 갖지 말고 / 새로운 것을 찾아 / 날개를 펼쳐보자"는 구절은 집착의 굴레를 벗어나려는 결연한 자기 성찰의 선언이자, 재생과 자유의 의지를 상징한다.
결국 「미련을 버려」는 상실을 인정하고 그것을 성장의 한 과정으로 수용하는 성숙한 태도를 노래

한다. 삶의 변화 속에서 잃은 것에 얽매이기보다, 새로운 가능성을 향해 나아가야 한다는 메시지를 전한다.
이는 시집 『흐르는 시간 위에서』의 핵심 주제인 '시간의 흐름 속에서의 내적 성찰과 재생'과 깊이 맞닿아 있으며, 인간이 과거의 아픔을 통과해야만 새로운 날개를 얻을 수 있다는 삶의 진리를 잔잔하면서도 단호하게 일깨우는 작품이다.

너의 손을 잡고
훨훨 날아다니는
꽃잎을 헤치며
봄의 향기 속을
여유롭게 거닐고 있다

지겹도록 열심히
살아온 삶을 버리고
덕지덕지 붙은 것들을
탁탁 털어버리고
이제부터는
과거의 나를 없애고

현재의 나로 살아가리라
황홀한 날개를 달고
그대 손짓하는 곳엔
어디든지 가리라

장밋빛 같은 황혼의
삶을 살리라
<시간의 여유를> 전문

시 「시간의 여유를」는 쉼 없이 달려온 인생의 길목에서 잠시 멈추어, 진정한 여유와 현재의 삶을 되찾고자 하는 이종열 시인의 자아 성찰이 담긴 작품이다.
시의 화자는 "너의 손을 잡고 봄의 향기 속을 여유롭게 거닐고 있다"는 이미지로 시작하여, 자연 속의 평온함과 자유를 통해 삶의 무게를 잠시 내려놓는다. '너'는 단순한 인물이라기보다 삶의 동반자, 혹은 자기 내면의 또 다른 존재로 읽히며, 함께 걷는 장면은 일상에 지친 자아가 다시금 인간적인 온기를 되찾는 순간을 상징한다.
"지겹도록 열심히 살아온 삶을 버리고 / 덕지덕지 붙은 것들을 탁탁 털어버리고"라는 구절은 현대인이 쌓아온 사회적 욕망, 의무, 피로를 벗어던지고 본래의 자신으로 돌아가려는 해방의 의지를 드러낸다. 이어지는 "이제부터는 과거의 나를 없애고 / 현재의 나로 살아가리라"는 결심은 단순한 휴식이 아니라, '지금 이 순간'에 충실한 새로운 삶의 태도를 선언하는 자기갱신의 노래이다.
마지막의 "황홀한 날개를 달고 / 그대 손짓하는 곳엔 어디든지 가리라 / 장밋빛 같은 황혼의 삶을 살리라"는 부분은 나이 듦과 삶의 황혼을 비극

이 아닌 또 하나의 아름다운 계절로 받아들이는 긍정의 철학을 보여준다.

이종열 시인은 나이를 먹어가며 비로소 얻을 수 있는 여유와 지혜를 '장밋빛 황혼'으로 형상화하여, 시간의 흐름을 두려움이 아닌 축복으로 받아들인다.

결국 「시간의 여유를」는 인생의 속도 속에서 잃어버린 '현재의 나'를 회복하고, 남은 시간마저도 사랑과 평화로 채우려는 성숙한 삶의 태도를 노래한 작품으로 세상이 바삐 돌아가고 시간이 속절없이 흘러도 안달하거나 보채지 말고, 자신만의 삶의 리듬대로 살아가라는 메시지를 전한다.

컴컴한 골목길 무서워
외로움에 떨었던 날들
눈물 흐르는 얼굴에
차가운 바람만 스칠 때
멀기만 한 희망들의 아우성
날마다 자신과의 전쟁
고통과 암울 속에서도
피어나는 꿈의 씨앗
작은 빛을 찾아 헤매던 길
그 길 위에서
나는 다시 걷고 걸었다

힘들게 살아온 날들의 이야기

그 안에 담긴 아픔과 지혜
그 모든 순간을 소중히 여기며
새로운 내일을 향해 가리
이제 웃으며 걸어가고 싶어
과거의 상처도 나의 일부니까
힘들었던 날들이 쌓여
강한 나를 만들어 갈 테지
오늘도 살아 있음에 감사하다
<살아 있음에> 전문

시 「살아 있음에」는 시집 『흐르는 시간 위에서』 전체를 관통하는 핵심적 주제의식 ― 즉, 시간의 흐름 속에서 고통을 딛고 다시 살아가는 인간 존재의 강인함과 감사의 정신 ― 을 가장 온전히 담아낸 작품이다.
이종열 시인은 인생의 어둡고 고단한 순간들을 회피하거나 미화하지 않고, 그것을 있는 그대로 마주하며 그 속에서 다시 일어서는 생의 의지를 보여준다.
"컴컴한 골목길 무서워 외로움에 떨었던 날들"로 시작하는 시의 첫머리는 인생의 절망과 불안, 인간 존재의 고독을 상징적으로 드러낸다. 이어지는 "날마다 자신과의 전쟁 / 고통과 암울 속에서도 피어나는 꿈의 씨앗"은 이종열 시인이 현실의 시련을 부정하지 않으면서도, 그 안에서 희망의 가능성을 찾아내려는 내면의 투쟁을 보여준다. 이러

한 표현은 단순히 개인의 감정 고백을 넘어, 모든 인간이 공통적으로 겪는 삶의 고비를 상징화한 것이다.
시의 후반부로 갈수록 어둠에서 빛으로, 절망에서 감사로 나아가는 정서의 전환이 뚜렷해진다. "힘들게 살아온 날들의 이야기 / 그 안에 담긴 아픔과 지혜"는 과거의 고통을 부정하지 않고 그것을 성장의 자양분으로 수용하는 인식의 변화이며, "과거의 상처도 나의 일부니까"라는 구절은 자기 존재 전체를 긍정하는 철학적 통찰로 읽힌다. 마지막의 "오늘도 살아 있음에 감사하다"는 문장은 이 시뿐 아니라 시집 전체가 지향하는 결론이자 선언으로, 생의 무게를 감내하면서도 그 안에서 발견되는 '살아 있음' 자체의 숭고함을 노래한다. 따라서 「살아 있음에」는 『흐르는 시간 위에서』의 모든 시들이 공통적으로 품고 있는 삶의 회복, 시간의 수용, 그리고 인간적 긍정의 정신을 응축한 작품이다.
이종열 시인은 이 시를 통해 독자에게 "살아 있음 그 자체가 이미 기적이며, 그것이야말로 시간 위에서 우리가 붙잡아야 할 궁극의 의미"임을 조용하지만 깊게 전하고 있다.

시집 『흐르는 시간 위에서』에 수록된 시들은 시간의 흐름 속에서 인간이 겪는 변화와 상실, 그 속에서 피어나는 내적 성찰과 회복을 섬세하게 그

려낸다.
이종열 시인은 과거의 청춘과 젊음, 사랑과 그리움, 상실과 집착, 삶의 고단함과 황혼의 여유, 그리고 살아 있음 자체의 소중함까지, 인간 존재의 다양한 층위를 놓치지 않고 포착한다. 「푸르던 시절」에서는 지나간 청춘의 생기와 기억을 통해 삶의 깊이를 성찰하게 하고, 「상상의 나래」에서는 닿을 수 없는 이상적 평화를 향한 그리움과 사랑의 몰입을 보여준다. 「미련을 버려」는 상실과 집착을 내려놓고 새로운 가능성을 향해 나아가는 결단을 노래하며, 「시간의 여유를」은 지친 삶 속에서 현재의 나를 회복하고 여유와 황홀함을 되찾는 성숙한 태도를 드러낸다. 마지막으로 「살아 있음에」는 시집 전체를 관통하는 주제, 즉 고통과 절망을 겪으면서도 삶을 긍정하고 감사할 줄 아는 인간 존재의 강인함을 응축하며, 독자에게 깊은 울림을 준다.
이처럼 『흐르는 시간 위에서』는 단순한 감상 이상의 의미를 지니며, 시간의 흐름 속에서 자신과 세상을 돌아보게 하고 삶의 가치를 성찰하게 하는 시적 안내서라 할 수 있다.

변화와 상실 속에서도 희망과 감사, 재생의 가능성을 발견하는 경험을 선사하는 이 시집을 독자 여러분께 일독을 권한다.